Seyns Mofati

Daily English

Seyns Mofati

Daily English

Improve your saying and your vocabulary

JustFiction Edition

Imprint
Any brand names and product names mentioned in this book are subject to trademark, brand or patent protection and are trademarks or registered trademarks of their respective holders. The use of brand names, product names, common names, trade names, product descriptions etc. even without a particular marking in this work is in no way to be construed to mean that such names may be regarded as unrestricted in respect of trademark and brand protection legislation and could thus be used by anyone.

Cover image: www.ingimage.com

Publisher:
JustFiction! Edition
is a trademark of
Dodo Books Indian Ocean Ltd., member of the OmniScriptum S.R.L Publishing group
str. A.Russo 15, of. 61, Chisinau-2068, Republic of Moldova Europe
Printed at: see last page
ISBN: 978-620-3-57837-9

GREETINGS

LES SALUTATIONS

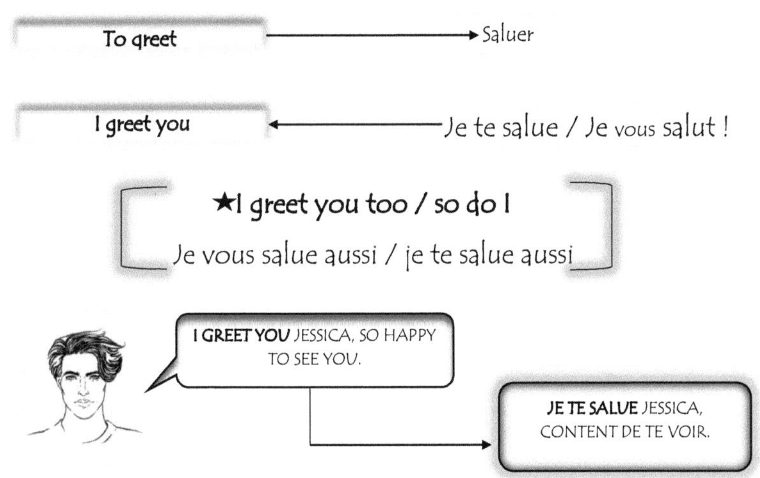

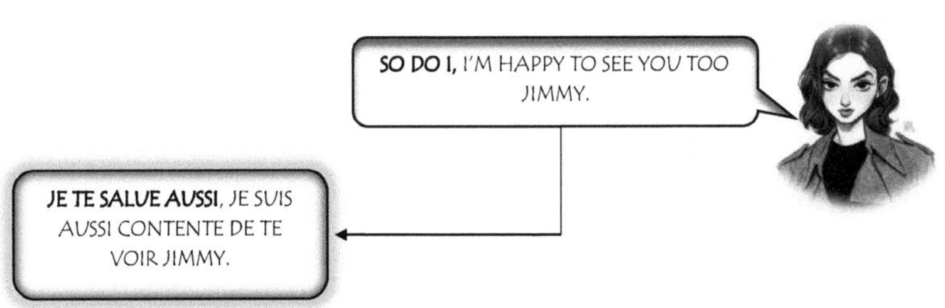

INFORMAL GREETINGS

LES SALUTATIONS INFORMELS

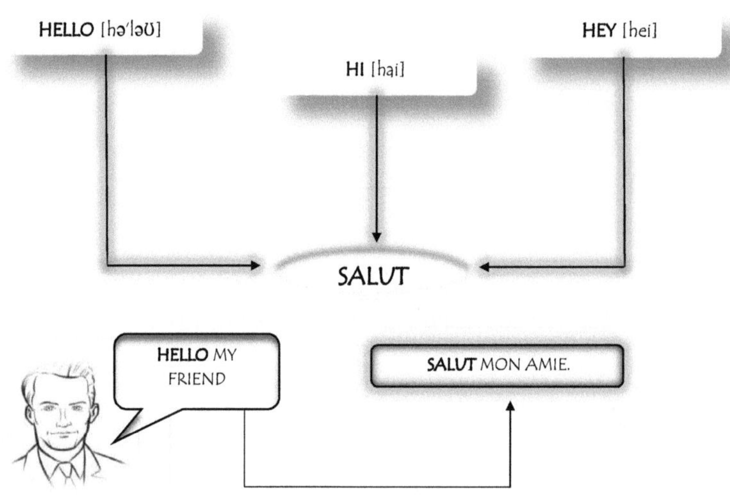

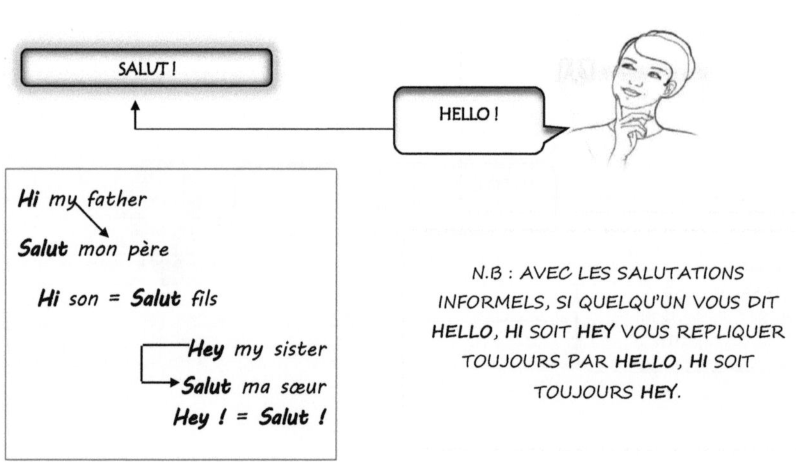

***Hi** my father*
***Salut** mon père*

***Hi** son = **Salut** fils*

***Hey** my sister*
***Salut** ma sœur*
Hey ! = Salut !

N.B : AVEC LES SALUTATIONS INFORMELS, SI QUELQU'UN VOUS DIT **HELLO**, **HI** SOIT **HEY** VOUS REPLIQUER TOUJOURS PAR **HELLO**, **HI** SOIT TOUJOURS **HEY**.

FORMAL GREETINGS

LES SALUTATIONS FORMELS

Good morning = Bonjour (le matin)

Good afternoon = Bon après-midi (l'après-midi)

Good evening = Bonsoir (le soir)

Good night = Bonne nuit (la nuit avant de dormir un souhait)

NB : En Anglais on ne salut pas les gens comme on le fait en Français, mais ici on respect aussi les temps.

HERE ARE THE DIFFERENT MOMENTS OF A DAY

VOICI LES DIFFERENTS MOMENTS D'UNE JOURNEE

MORNING	MATIN	**TONIGHT**	LE SOIR
NOON, MIDDAY **AFTER NOON**	MIDI APRES MIDI	**NIGHT** **MIDNIGHT**	LA NUIT MINUIT

BEFORE NOON	AVANT MIDI

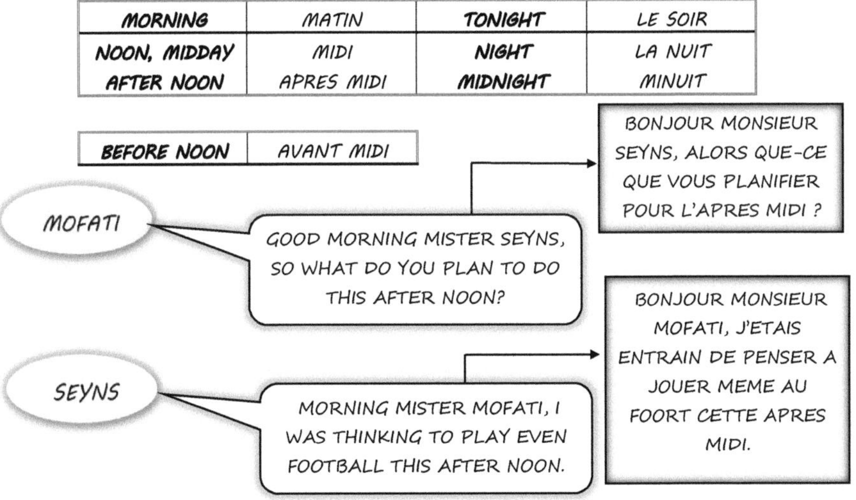

HOW TO SAY GOODBYE

COMMENT DIRE AU REVOIR

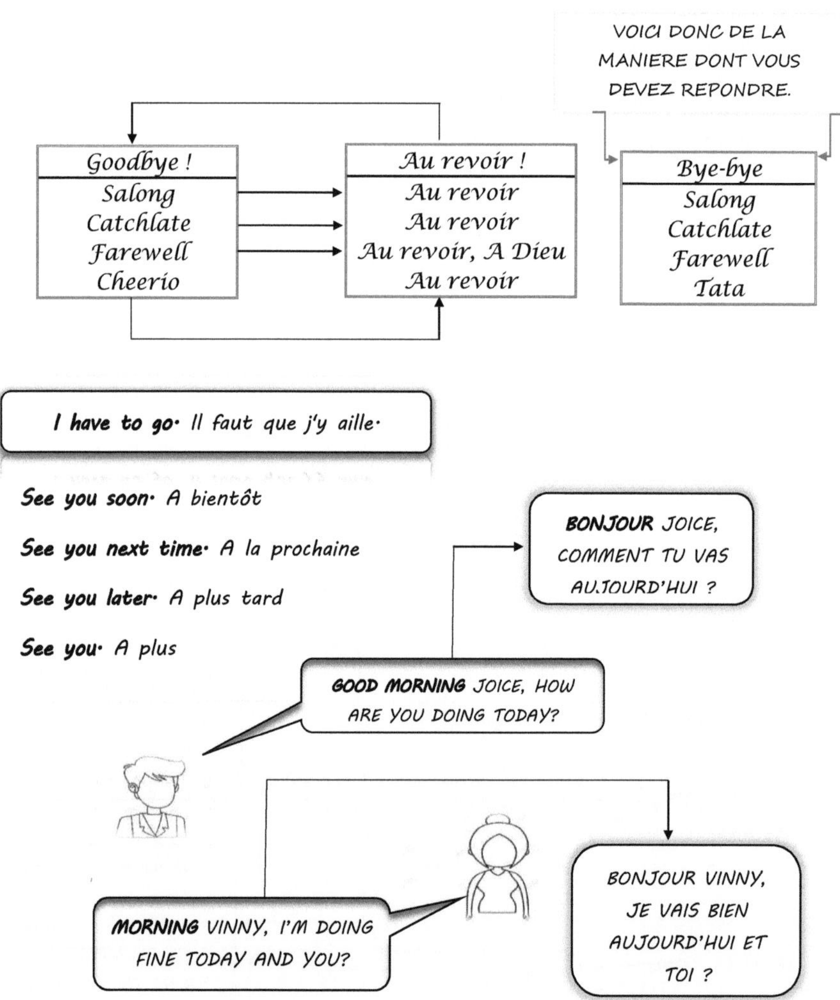

I'M DOING FINE TOO BUT I HAVE TO GO **SEE YOU LATER** AND HOPE THAT YOU ARE GOING TO SPEND A GOOD DAY!
JE VAIS BIEN AUSSI MAIS IL FAUT QUE J'Y AILLE, **A PLUS TARD** ET J'ESPERE QUE TU VAS PASSER UNE BONNE JOURNEE !
GREAT VINNY **SEE YOU**, AND I WISH YOU TO SPEND A GOOD DAY TOO.
C'EST BON VINNY **A PLUS**, ET JE TE SOUHAITE DE PASSER AUSSI UNE BONNE JOURNEE.
ENGLISH IS VERY IMPORTANT FOR YOU PLEASE READ IT MORE. THIS IS GONNA HELP YOU MAY BE IN YOU ENTIRE LIFE.
L'ANGLAIS EST TRES IMPORTANT POUR VOUS S'IL VOUS PLAIT LISEZ LE. CECI VA VOUS AIDER PEUT ETRE DANS VOTRE VIE ENTIERE.

ASKING AND GIVING THE NAME

DEMANDER ET DONNER LE NOM

NB : NOTEZ QU'IL EXISTE PLUSIEURS FACONS DE DEMANDER LE NOM EN ANGLAIS, ET LES DIFFERENTES FACONS, SONT CELLES QUI SUIVENT.

What is your name? ⇨ Quelle est votre nom?

ANSWER *My name is Seyns Mofati/I'm Seyns Mofati*

REPONSE *Mon nom ce Seyns Mofati/Je suis Seyns Mofati*

What is your father's name? ⇨ Quelle est le nom de votre père ?

ANSWER *My father's name is Jean-Pierre*

REPONSE *Le nom de mon père c'est Jean-Pierre*

What is your Mother's name? = Quelle est le nom de votre Mère?

What is your sister's name? = Quelle est le nom de votre sœur?

What is your brother's name? = Quelle est le nom de votre frère?

AINSI VOUS SAUVEZ DIRECTEMENT COMMENT DEMANDER LE NOM AVEC CETTE FACON DE FAIRE.

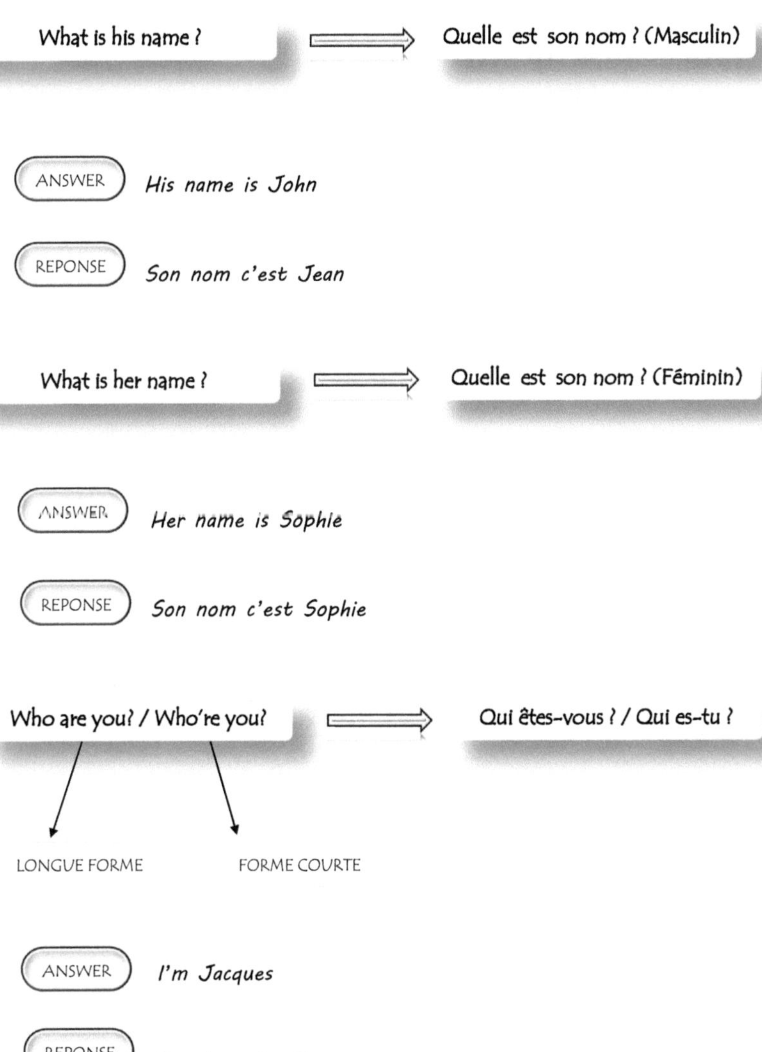
What is his name ?
Quelle est son nom ? (Masculin)
ANSWER
His name is John
REPONSE
Son nom c'est Jean
What is her name ?
Quelle est son nom ? (Féminin)
ANSWER
Her name is Sophie
REPONSE
Son nom c'est Sophie
Who are you? / Who're you?
Qui êtes-vous ? / Qui es-tu ?
LONGUE FORME
FORME COURTE
ANSWER
I'm Jacques
REPONSE
Je m'appelle Jacques

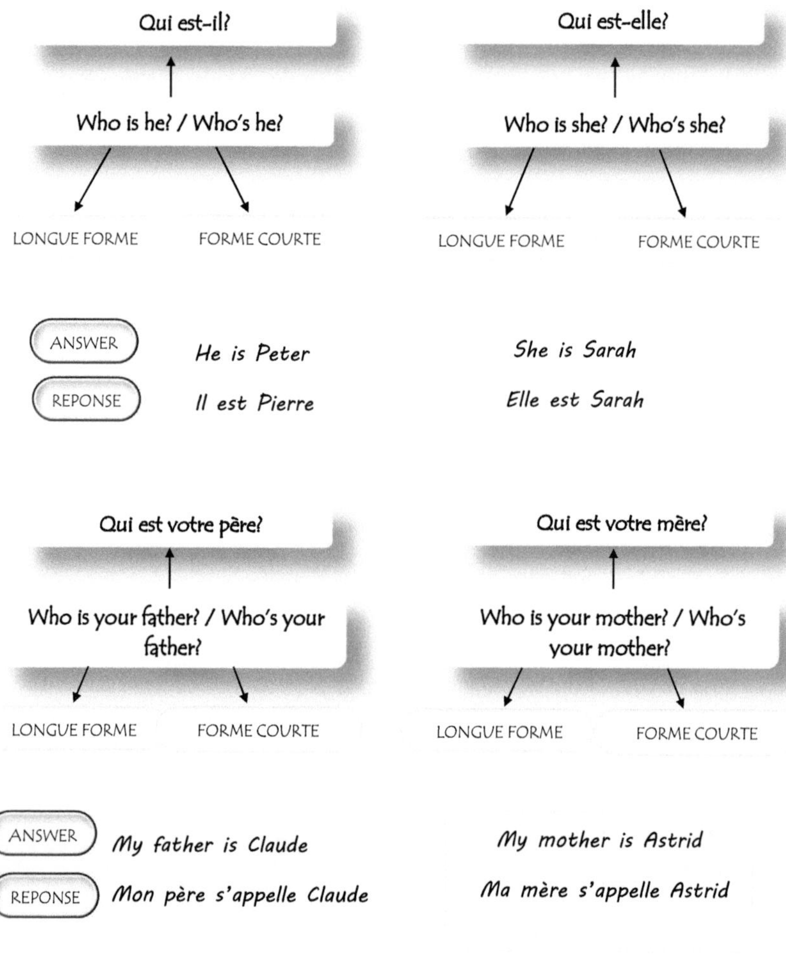

ANSWER *My father is Claude* — *My mother is Astrid*

REPONSE *Mon père s'appelle Claude* — *Ma mère s'appelle Astrid*

Who is your sister? = Qui est votre sœur?

Who is your bro? = Qui est votre frère?

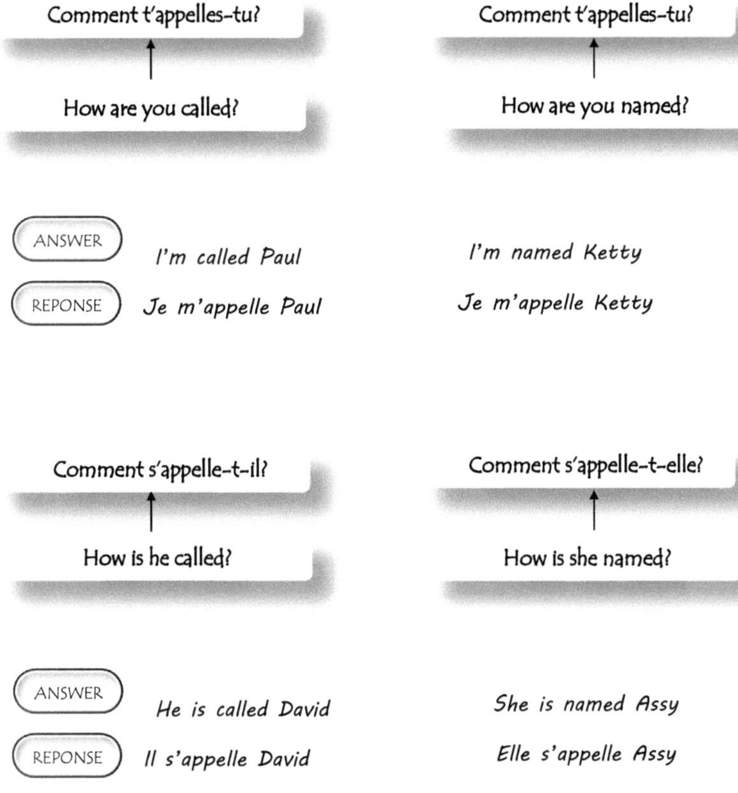

AINSI A CE NIVEAU NOUS AVONS TERMINER, LA LECON PARLANT DE « COMMENT DEMANDER ET DONNER LE NOM » ET NOUS ESPERONS QUE VOUS AVEZ APPRIS QUELQUE CHOSE.

Voici comment vous pouvait dire « ET VOUS ? » en Anglais si quelqu'un vous demander votre nom, et que vous vouliez aussi lui demander le sien.

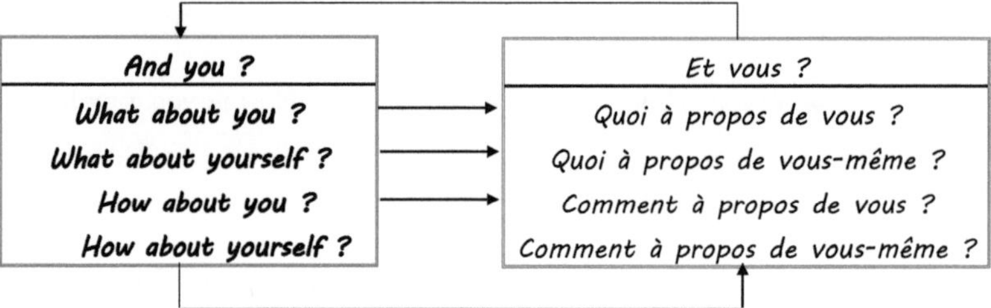

Tout ceci mentionné ci-dessus malgré leurs significations contextuelles, veux tout simplement dire « ET VOUS ? ».

This is a little conversation of SOPHIE and JOSEPH

Ceci est une petite conversation de SOPHIE et JOSEPH

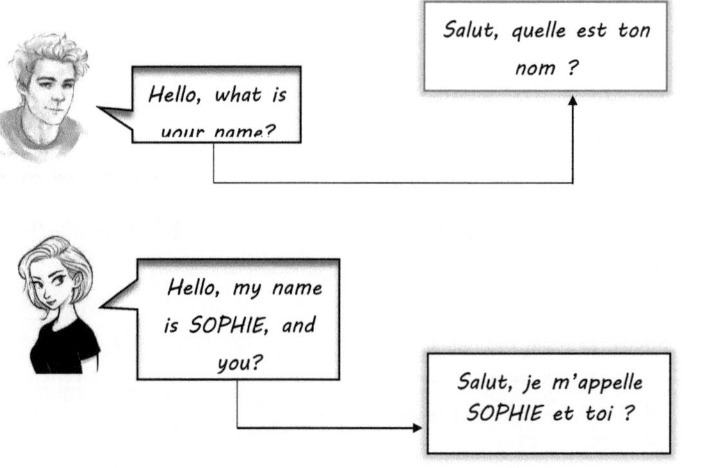

OH, ceci est un joli nom, alors le mien c'est JOSEPH content de te rencontre SOPHIE·

The pleasure is shared, nice to meet you too JOSEPH·

Le plaisir est partager, contente de te rencontrer aussi JOSEPH·

As American people use to say that "it's a dog's life" who means that "life isn't easy" then you have to struggle for getting what you want·

Comme les Americain disent que c'est une vie de chien qui veut dire que "la vie n'est pas facile" alors tu dois te battre pour obtenir ce que tu veux·

HOW TO ASK THE ADDRESS OF SOMEONE

COMMENT DEMMANDER L'ADRESSE DE QUELQU'UN

Where do you abide ? → Ou est-ce que tu résidez ?

ANSWER *I abide at Don-bosco on bloc two, house number four*

REPONSE *Je réside à Don-bosco sur bloc 02, maison n°04*

Where do you stay ? → Ou est-ce que vous restez ?

ANSWER *I stay at Kenya commune on Kolwezi avenue number ten.*

REPONSE *Je reste à la commune Kenya sur l'avenue Kolwezi n°10.*

Where do you live ? → Ou est-ce que vous vivez ?

ANSWER *I live in down town on Maniema avenue number five.*

REPONSE *Je vie au centre-ville sur l'avenue Maniema n°05.*

Where do you dwell ? → Ou est-ce que vous demeurez ?

ANSWER *I dwell at Katuba on Lambo street, house number one hundred*

REPONSE *Je demeure à Katuba sur la rue Lambo, maison n°100*

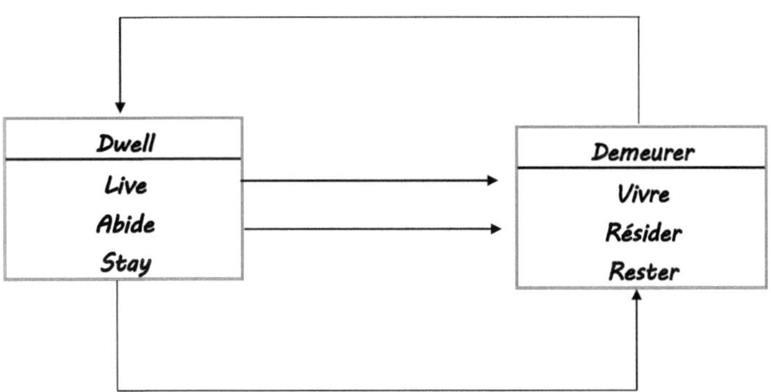

Good afternoon Sir, I think that it's my first time to see you and I'm glad to meet you today·
Bon après-midi monsieur, je pense que c'est ma toute première fois de vous voir et je suis ravi de vous rencontrer aujourd'hui·
Afternoon thanks, you may be right, and I'm glad to meet you too·
Merci, peut être que vous avez raison, et je suis aussi content de vous rencontrer·
If you allow it, just one question, so where do you dwell Sir?
Si vous le permettez, juste une question, ou est-ce que vous demeurez monsieur?
Here it is, my address; so I dwell in down town on Maniema avenue number five·
Voici, mon address; alors je demeure au centre-ville sur l'avenue Maniema N°05·

HOW TO ASK THE SITUATION OF SOMEONE

COMMENT DEMMANDER LA SITUATION DE QUELQU'UN

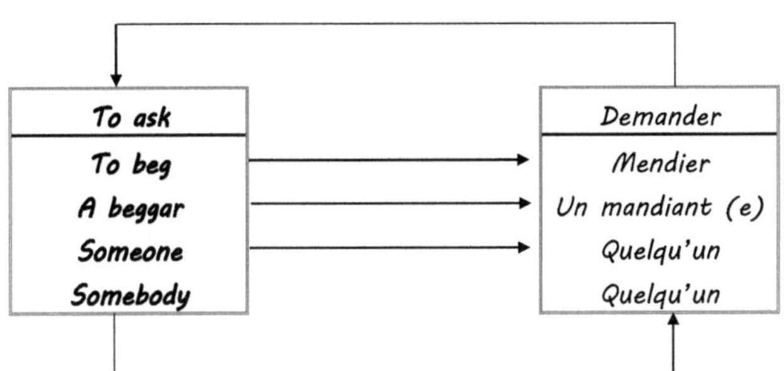

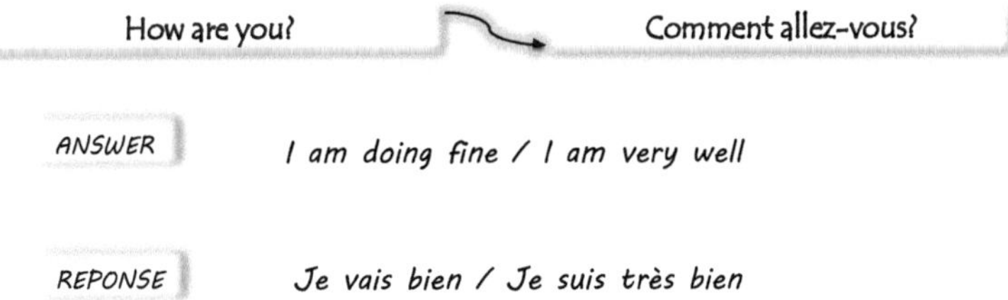

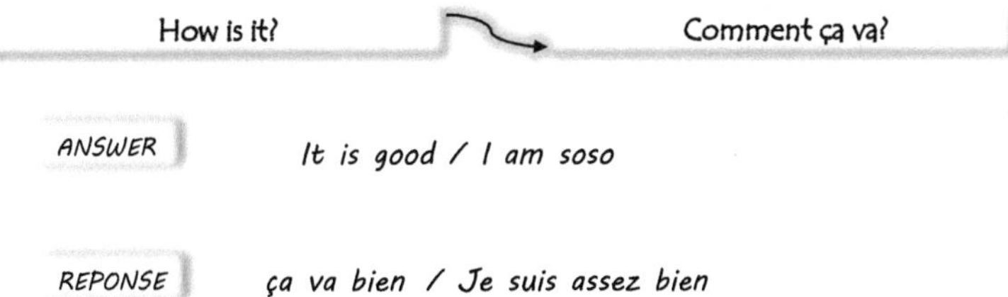

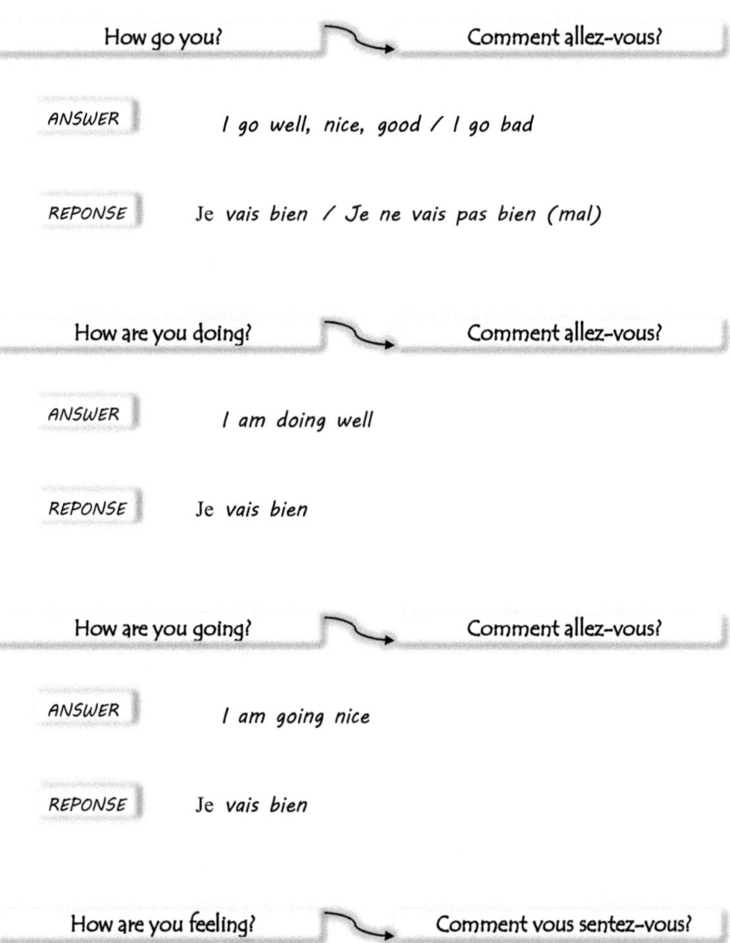
How go you?
Comment allez-vous?
ANSWER
I go well, nice, good / I go bad
REPONSE
Je vais bien / Je ne vais pas bien (mal)
How are you doing?
Comment allez-vous?
ANSWER
I am doing well
REPONSE
Je vais bien
How are you going?
Comment allez-vous?
ANSWER
I am going nice
REPONSE
Je vais bien
How are you feeling?
Comment vous sentez-vous?

ANSWER *I am feeling good*

REPONSE Je *me sens bien*

How are you keeping on ? → Comment vous portez-vous ?

ANSWER *I am keeping on better*

REPONSE *Je me porte mieux*

How do you feel? → Comment est-ce que vous vous sentez ?

ANSWER *I feel well / I feel bad*

REPONSE *Je me sens bien / Je me sens mal*

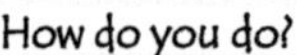

How do you do? → Comment allez-vous ?

ANSWER *I do better*

REPONSE *Je vais mieux*

NB : Sachez que « **How do you do** »équivaut à « **Nice to meet you »** qui veut dire « **Enchanter** ».

In which state are you? → Comment ça va? / Dans quelle état êtes-vous ?

ANSWER *I am in good state / I am in bad state*

REPONSE *Je vais bien (Je suis dans un bon état) / Je ne vais pas bien, Je ne suis pas dans un bon état ?*

How are you doing ? → Comment allez-vous ?

ANSWER *I am doing fine / I am doing bad*

REPONSE *Je vais bien / Je vais mal*

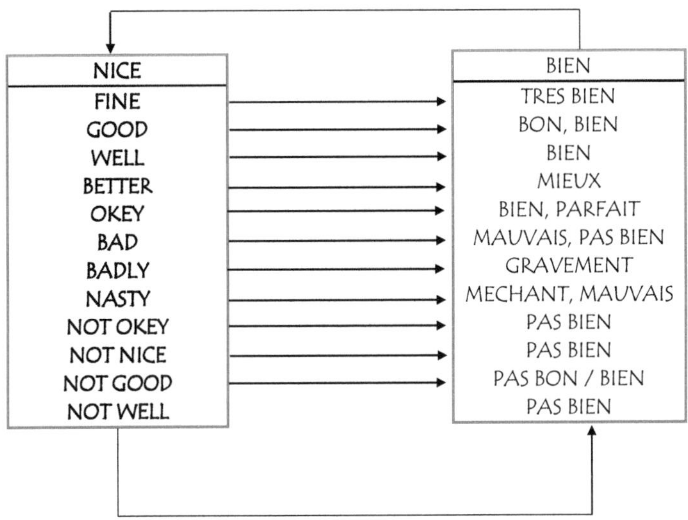

THINGS WRITTEN JUST ABOUVE IS GOING TO HELP YOU ALL IN YOUR DAILY CONVERSATIONS.

Les choses écrites juste au-dessus vont tous vous aider dans vos conversations quotidiennes.

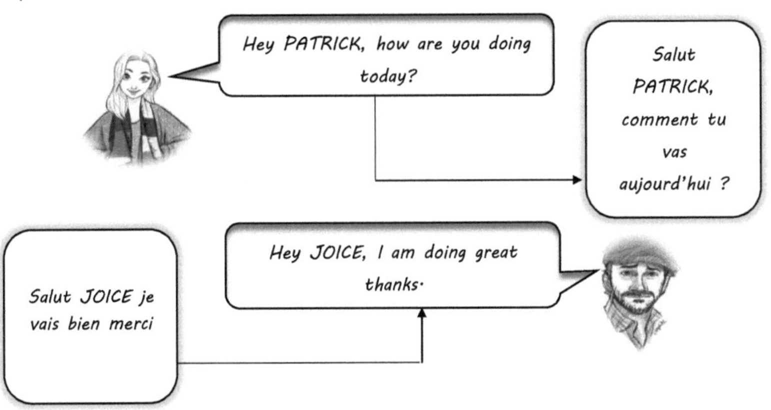

HOW TO APPOLOGIZE

COMMENT S'EXCUSER

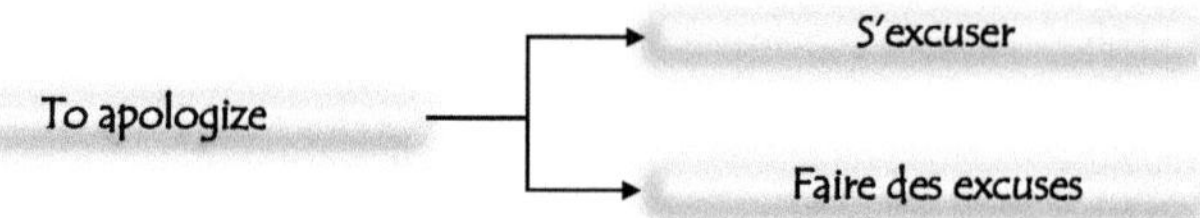

My apologies !

Mes excuses !

I beg your pardon. *Je vous demande pardon*

Excuse me. *Excusez-moi*

I'm sorry to be late to school. *Je suis désolé d'être en retard à l'école*

You are late for the meeting. *Tu es en retard pour la réunion*

Vous pouvais aussi utiliser ce qui suit :

* **« My bad »** C'est une expression qui exprime en français « s'excuser » mais pour cette fois, elle est utiliser lorsque la faute ne pas si grave que ça.

* **«My mistake»** ceci est aussi dans le même sens de s'excuser.

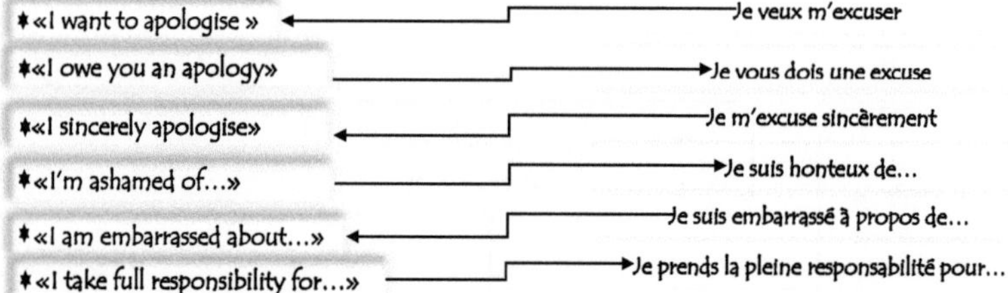

HOW TO ASK FOR SOMETHING

COMMENT DEMMANDER QUELQUE CHOSE

BIEN AVANT DE CONTINUER AVEC CE POINT, NOUS AIMERIONS SOULIGNER UN ELEMENT NECESSAIRE, QUI EST CELUI DE LA POLITESSE EN ANGLAIS, CE QUE LES AMERICAINS ONT TOUJOURS TENDANCE A FAIRE LORSQU'ILS SES METTENT A DEMANDER UNE OU PLUSIEURS CHOSES.

QUESTION *Would you like to give me your car, please!*

QUESTION *Voudriez-vous me donner votre voiture, s'il vous plait!*

AFFIRMATIVE ANSWER

REPONSE AFFIRMATIVE

Yes, I would like, take the car in the garage

Oui, je voudrais vous donner prenez la voiture dans le garage

NEGATIVE ANSWER

REPONSE NEGATIVE

No, wouldn't like, because the car is broken down

Non, je ne voudrais pas vous donner, parce que la voiture est tombée en panne.

QUESTION Can you help me with your blue pen, please?

QUESTION Pouvez-vous m'aider avec votre stylo bleu, s'il vous plait ?

AFFIRMATIVE ANSWER

REPONSE AFFIRMATIVE

Yes, I can take the blue pen in my bedroom

Oui, je peux vous aider prenez le stylo bleu dans ma chambre

NEGATIVE ANSWER

REPONSE NEGATIVE

No, I can't, because I miss the blue pen

Non, je ne peux pas, parce que je manque le stylo bleu

QUESTION May you give me ten dollars, please?

QUESTION Pouvez-vous me donner 10$, s'il vous plait?

AFFIRMATIVE ANSWER

REPONSE AFFIRMATIVE

Yes, I may, go in my bedroom you can see the wallet and then take 10 dollars

Oui, je peux vous donner, allez dans ma chambre vous pouvez voir le portefeuille et ensuite prenez 10$

NEGATIVE ANSWER

REPONSE NEGATIVE

No, I may not, because I am broken down

Non, je ne peux pas vous donner, parce que je suis fauchée

Hey little boy, would you like to lend me your toy, please!

Salut petit garçon, Voudrais-tu me prêter ton jouer, s'il te plait!

No, I wouldn't like because you use to destroy my things, every time when I let them in your responsibility.

Non, Je ne voudrais pas te prêter, parce que tu détruis mes choses, chaque fois que je les laisse sous ta responsabilité.

IF SOMEONE HAS A BAD NEWS SAY THIS

SI QUELQU'UN A UNE MAUVAISE NOUVELLE DITE CECI

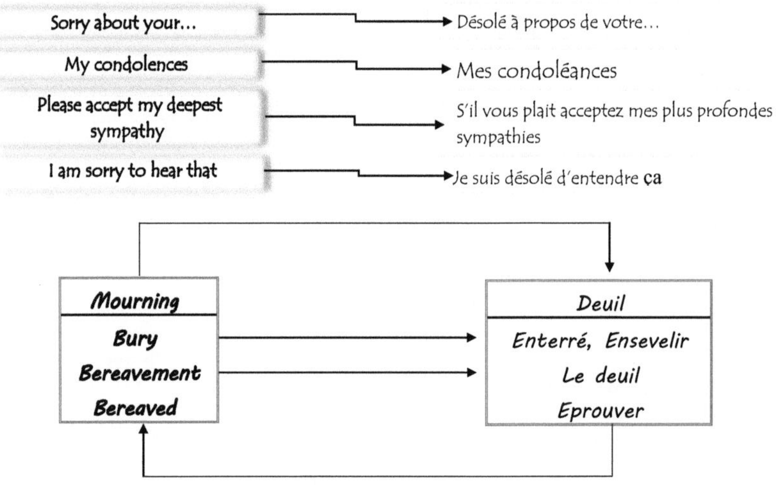

CONGRATULATORY

DE FELICITATIONS

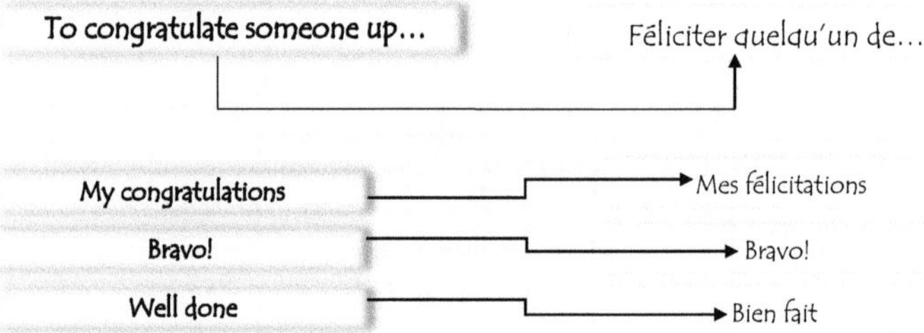

IF YOU DO NOT UNDERSTAND WHAT SOMEONE SAYS USE THIS

SI VOUS NE COMPRENEZ PAS CE QUE QUELQU'UN DIT UTILISEZ CECI

Can you repeat again, please? → Pouvez-vous répéter encore, s'il vous plait?

Yes, I can I say this your friend is sick

Oui, je peux répéter je dis ceci votre ami est malade

No, I cannot, because you disturb me

Non, je ne peux pas répéter, parce que vous me dérangez

Say again → Dit encore

Come-back, please! → Répétez encore, s'il vous plait!

What do you say, please? → Que-ce que vous dites, s'il vous plait ?

I didn't catch you well → Je ne vous suis pas bien

What do you mean → Que ce que vous dite ?

IF SOMEONE FAILS AT SCHOOL YOU CAN TELL HIM THIS

SI QUELQU'UN ECHOUE A L'ECOLE VOUS POUVEZ LUI DIRE CECI

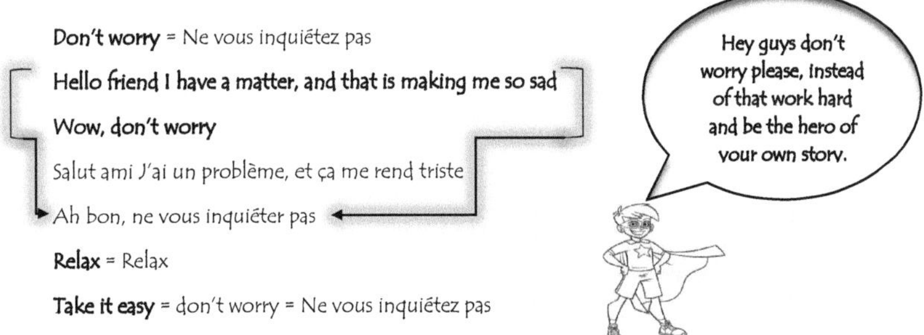

Don't worry = Ne vous inquiétez pas

Hello friend I have a matter, and that is making me so sad

Wow, don't worry

Salut ami J'ai un problème, et ça me rend triste

Ah bon, ne vous inquiéter pas

Relax = Relax

Take it easy = don't worry = Ne vous inquiétez pas

TALKING ABOUT OCCUPATION

PARLANT A PROPOS DES OCCUPATIONS

NOUS DEVONS SAVOIR QU'IL EST UNE COUTUME DANS LE COMPORTEMENT DES AMERICAINS AINSI QU'AILLEUR SUR LA PLANNETE, OU CONNAITRE CE A QUOI UNE PERSONNNE S'ADONNE, OU SE QU'IL FAIT POUR VIVRE (TRAVAIL), S'AVERE ETRE IMPORTANT.

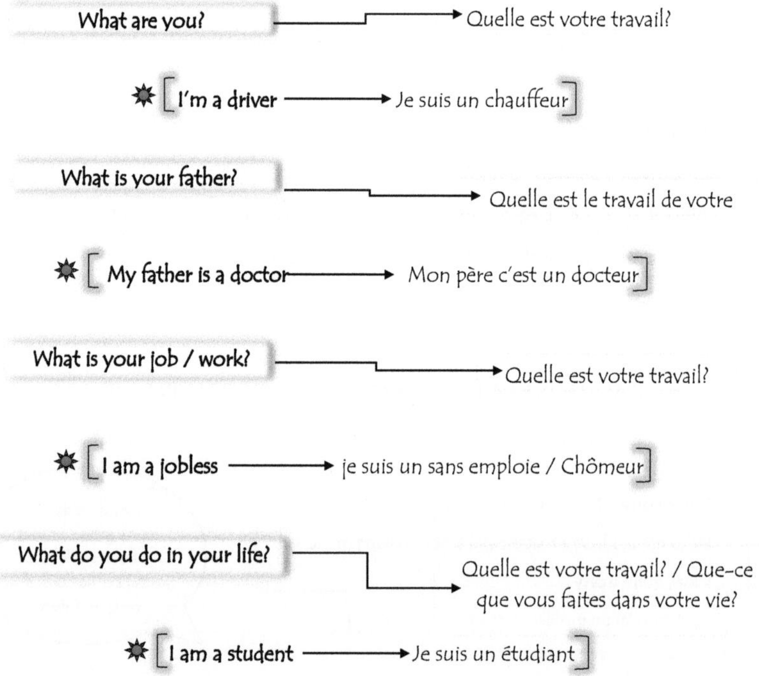

WISHES

LES SOUHAITS

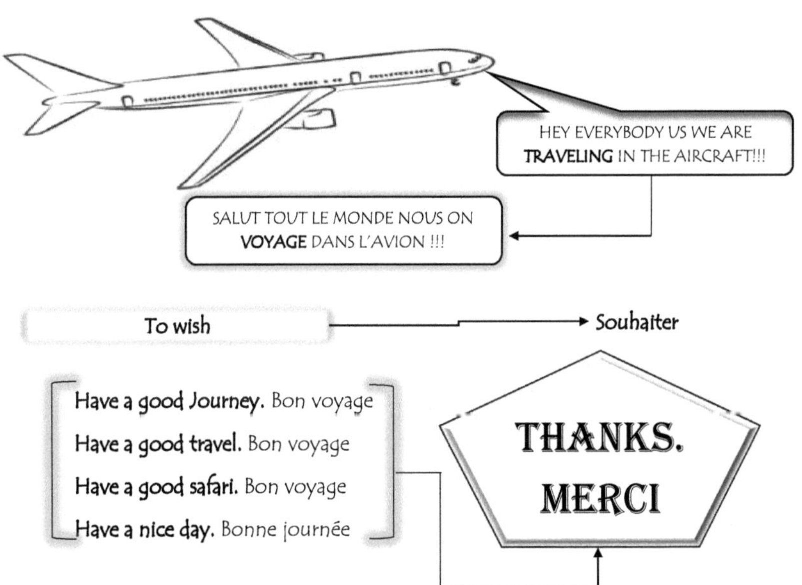

IN EATING

EN MANGEANT

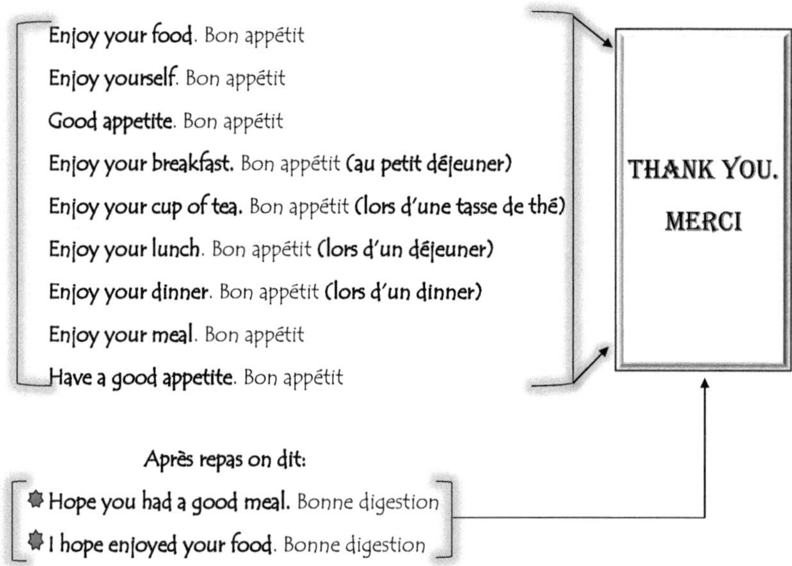

IN WORKING

EN TRAVAILLANT

IN DRINKING

EN BUVANT

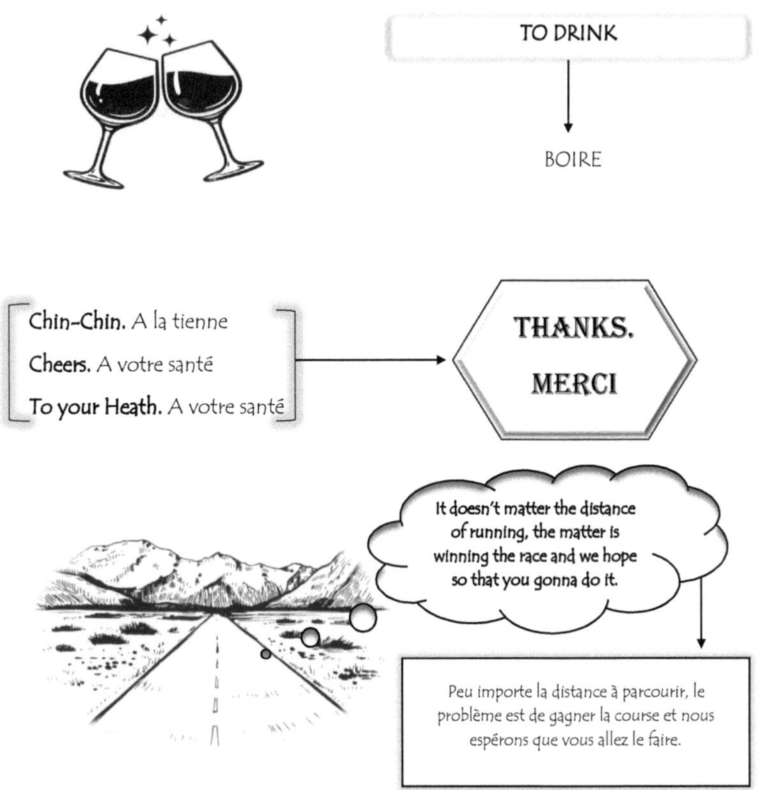

IF SOMEONE FINISHES THE JOB TELL HIM THIS

SI QUELQU'UN FINIS LE TRAVAIL DITE LUI CECI

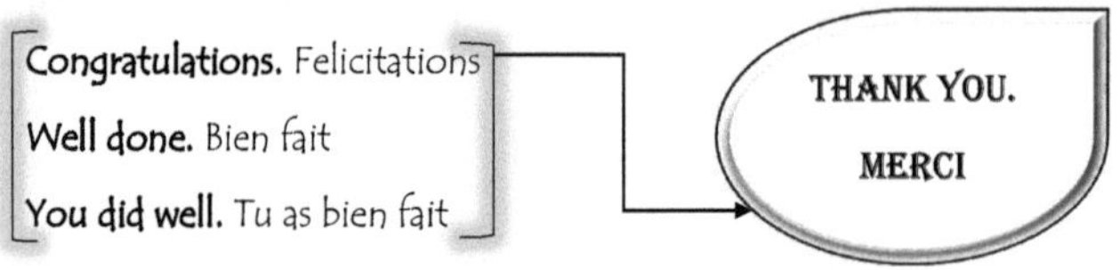

TALKING ABOUT THE WEATHER AND SEASONS

PARLANT A PROPOS DE L'ATMOSPHERE ET DES SAISONS

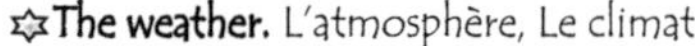

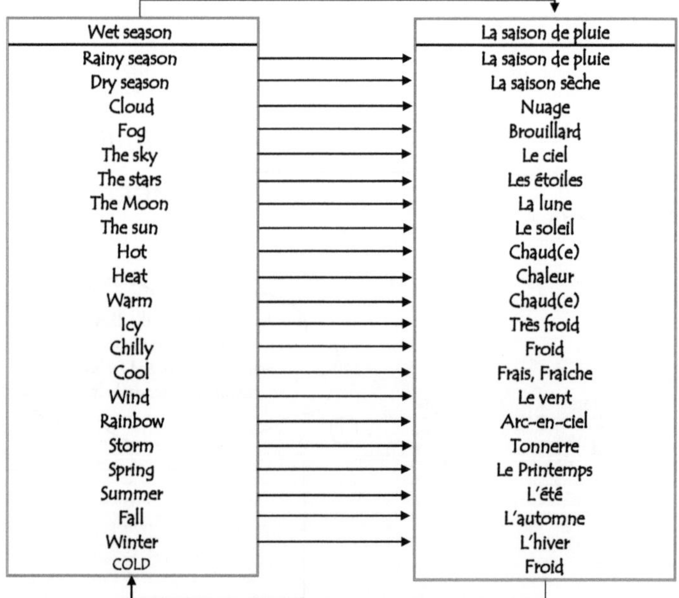

Wet season	La saison de pluie
Rainy season	La saison de pluie
Dry season	La saison sèche
Cloud	Nuage
Fog	Brouillard
The sky	Le ciel
The stars	Les étoiles
The Moon	La lune
The sun	Le soleil
Hot	Chaud(e)
Heat	Chaleur
Warm	Chaud(e)
Icy	Très froid
Chilly	Froid
Cool	Frais, Fraiche
Wind	Le vent
Rainbow	Arc-en-ciel
Storm	Tonnerre
Spring	Le Printemps
Summer	L'été
Fall	L'automne
Winter	L'hiver
COLD	Froid

Hey! How do you find the weather of today?
Salut! Comment trouvez-vous **l'atmosphère** d'aujourd'hui ?
The weather of today is warm you can even notice that almost everybody wears a tee-Shirt.
Aujourd'hui il fait chaud tu peux même remarquer que presque tout le monde porte un polo.
But me I appreciate this weather and I find it perfect for riding
Mais moi j'apprécie cette **atmosphère** et je la trouve parfaite pour faire de la bicyclette.

HAPPYFULNESS

LE BONHEUR

Personne A: I am happy to meet you. Je suis heureux de vous Rencontré
Personne B: I am happy to meet you too. Je suis heureux de vous rencontrer aussi

Personne A: I am glad to see you. Je suis content de vous voir

Personne B: I am glad to see you too. Je suis content de vous voir aussi

Personne A: Nice to see you. Content de te voir

Personne B: Nice to see you too. Content de te voir aussi

Personne A: I am delighted to see you. Je suis de vous ravi voir

Personne B: I am delighted to see you too. Je suis content de vous voir aussi

Personne A: I am pleased to meet you. Je suis content de vous rencontre

Personne B: I am pleased to meet you too. Je suis content de vous rencontre aussi

Personne A: I am merry to see you. Je suis heureux de vous voir

Personne B: I am merry to see you too. Je suis heureux de vous voir aussi

NB: Pour ce qui est du bonheur, lorsqu'une personne vous dit **« I am glad to see you »** vous répliquerais en répètent la même chose, mais sauf que cette fois-ci dans votre réplique vous ajouteriez **« Too »**, pour lui dire **« Je suis content de vous voir aussi »**.

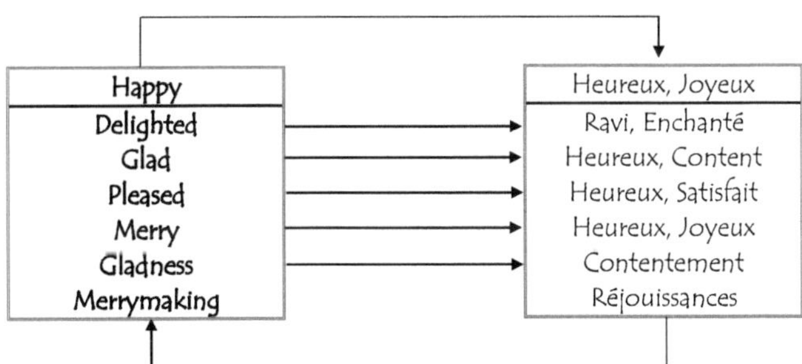

HOW TO INTRODUCE ONESELF TO OTHER PEOPLE

COMMENT SE PRESENTER A D'AUTRES PERSONNES

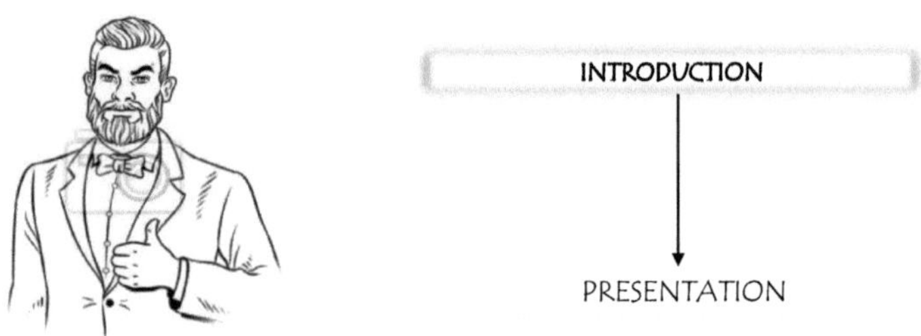

Personne A: Can I introduce myself to you? Puis-je me présenter à vous ?

Personne B (réponse positive): Yes, you can. Oui, vous pouvez vous présenter

Personne B (réponse negative): No you can't. Non, vous ne ne pouvez pas vous présenter

Personne B (presentation): i'm called Jhon, I dwell in Town center on Lumumba avenue number ten and I'm a doctor at Sendwe hospital.

↓

Je m'appelle Jean, je demeure dans le centre-ville sur l'avenue Lumumba n°10 et je suis un docteur à l'hôpital Sendwe.

Sachez que le verbe « To introduce » est un verbe régulier qui signifie « Présenter, Insérer, Introduire».

Introductory → Préliminaire

TO INTRODUCE ONE FRIEND TO YOUR FAMILY

PRESENTER UN AMI A VOTRE FAMILLE

Son (fils): Hi Dad, I need to introduce one friend to you. Salut papa, j'ai besoin de vous présenter un ami

Dad (papa): Do it! =Fait le!

Son (fils): This is Mister Peter, he stays at Kenya commune on Kolwezi avenue number eight and he works at Rawbank like an accountant.

Voici monsieur Pierre, il reste à la commune Kenya sur l'avenue Kolwezi n°08 et il travaille à la Rawbank comme un comptable.

Dad (papa): Good to meet you mister Peter and welcome home : Je suis content de vous rencontrer monsieur Pierre et soyez la bienvenue à la maison.

Good to meet you too Daddy and thanks to welcome me at home : Je suis content de vous rencontrer aussi papa et merci de m'accueillir à la maison

ASKING THE WAY

DEMANDER LE CHEMIN

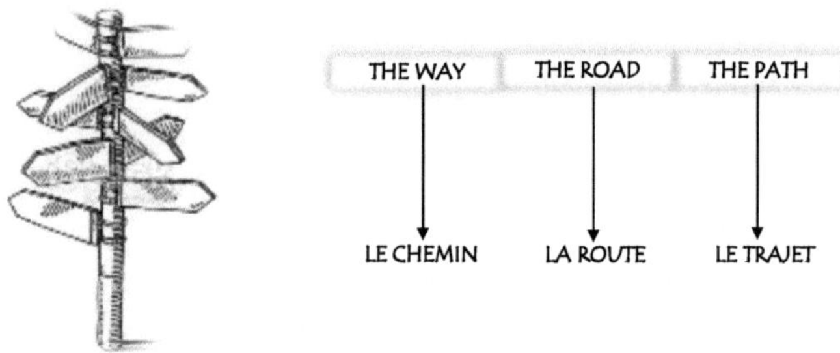

Personne A: Can you show me the way to Likasi? Pouvez-vous m'indiquer le chemin qui va vers Likasi?

Personne B (rêponse positive): Yes, I can, take this way and go straight ahead after Kapolowe you can see Likasi it's just to near there.

Oui, je peux vous indiquer, prenez ce chemin et allez tout droit après Kapolowe vous pouvez voir Likasi ce juste tout Près là.

Personne B (rêponse negative) A: No I cannot, because I don't know very well Likasi.

Non je ne peux pas, vous montrer la route qui va vers Likasi, parce que je ne connais pas très bien Likasi.

ASKING THE DISTANCE

DEMANDER LA DISTANCE

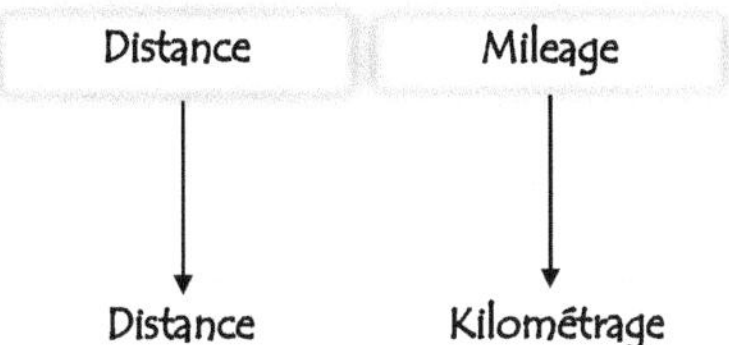

Vous devez savoir que si vous voulais demander la distance en Anglais, vous devez toujours commence par ces qui suivent :

How far is it from...to...?

How long is it from...to...?

How distance is it from...to...?

Are there how many kilometers from...to...?

Voici quelques exemples

- **How far is it from Lubumbashi to Likasi?**

  Quelle distance y a-t-il de Lubumbashi vers Likasi?

- **From Lubumbashi to Likasi it's one hundred twenty kilometers**

  De Lubumbashi vers Likasi c'est 120 kilomètres.

- **How long is it from here to Kipushi?**

  Quelle distance y a-t-il d'ici vers Kipushi?

- **From here to Kipushi it's thirty kilometers**

  D'ici vers Kipushi c'est 30 kilomètres

- **Are there how many kilometers from Likasi to Kolwezi?**

  Y a-t-il combien de kilomètre de Likasi vers Kipushi.

- **There are two hundred kilometers from Likasi to Kolwezi**

  Il y a 200 kilomètres de Likasi vers Kolwezi

NB : Sachez que l'expression «**FROM…TO…**» veux dire **Du… au…/ De…A…/ De…En…/D'…Vers.**

- **From Monday to Friday**

  Du Lundi au Vendredi

- **From Lubumbashi to Kinshasa**

  De Lubumbashi a Kinshasa

- **From Europe to Africa**

  De l'Europe en Afrique

- **From here to London.**

  D'ici vers Londres

TALKING ABOUT THE WATCH

PARLANT A PROPOS DE LA MONTRE

NB: Vous devriez savoir que Pour lire la montre, on commence par les minutes et on termine par les heures pour les britanniques, mais pour les américains on commence par les heures et on termine par les minutes.

What time is it ? = Quelle heure est-il ?

It is ten past five = Il est 05 : 10' (G.B)

It is five ten = Il est 05 : 10' (U.S.A)

❖ On utilise **HALF** pour dire : **MOITIE (30')**

It is half past ten = Il est 10 : 30' (G.B)

It is ten thirty = Il est 10 : 30' (U.S.A)

❖ On utilise **QUARTER** pour dire : **QUART (15')**

It is quarter past twelve = Il est 12 : 15' (G.B)

It is twelve fifteen = Il est 12 : 15' (U.S.A)

- On utilise **O'CLOCK** pour dire : **JUSTE (00'')**

It is eight o'clock = Il est 08 : 00'' (G.B)

It is eight zero zero = Il est 08 : 00'' (U.S.A)

- On utilise TO pour dire : MOINS

It is quarter to ten = Il est 09 : 45' (il est 10 heures moins le quart)

It is two to two = Il est 01 : 58' (il est 02 heures moins 02')

- On **A.M** pour dire : **AVANT MIDI** (du matin)

It is six A.M = Il est 06 heures du matin

- On utiliser **P.M** pour dire : **APRES MIDI** (du soir)

It is thirteen P.M = Il est 13 heures d'après midi

It is twenty P.M = Il est 20 heures du soir

- NOON = 12 H (midi)
- TONIGHT = LE SOIR
- MIDNIGHT = MINUIT
- MORNING = MATIN
- AFTERNOON = APRES-MIDI
- EVENING = SOIR
- NIGHT = LA NUIT
- DAY = JOUR
- WEEK= SEMAINE

- YEAR = ANNEE
- MONTH = MOIS

THE DAYS OF THE WEEK

Les jours de la semaine

- Day : jour, journée
- Week : la semaine
- Monday : Lundi
- Tuesday : Mardi
- Wensday : mercredi
- Thursday : Jeudi
- Friday : Vendredi
- Saturday : Samedi
- Sunday : Dimanche

THE MONTHS OF THE YEAR

Les mois de l'année

- Month : le moi
- Year : l'année
- January : Janvier
- February : Février
- March : Mars
- April : Avril
- May : Mai
- June : Juin
- July : Juillet
- August : Aout
- September : Septembre
- October : Octobre
- November : Novembre
- December : Décembre

DAY = JOUR

That day : Ce jour-là

MONTH = MOIS

That month = Ce mois-là

This day : Ce jour-ci	This month = Ce mois-ci
Last day : Le jour passé	Last month = Le mois passé
Next day : Le jour prochain	Next month = Le mois prochain

YEAR = L'ANNEE

That year = Cette année-là

This year = Cette année-ci

Last year = L'année passée

Next year = L'année prochaine

TALKING ABOUT THE DATE BORN

Parlant à propos de la date de naissance

NB : En anglais pour demander la date de naissance on utilise le verbe **TO BE** au passé, puis le participe passé du verbe naitre, voici la formule : I + TO BE (au passé) + BORN (participe passé du verbe naitre).

Eg : When were you born ? = étais-tu né quand ?

A : I was born in june first, two thousand

M : J'étais né le 01 /06/ 2OOO

A : She was born in October second, nineteen eighty

M : Elle était née le 02 /10/ 1980

Eg : When were you born ? (For twins) = Etiez-vous nés quand ? (Pour les jumeaux)

A : We were born in july fifth, twenty ten

M : Nous étions nés le 05 /07/ 2010

TALKING ABOUT THE PLACE BORN

Parlant à propos de lieu de naissance

Eg : Where were you born ? = Ou est-ce que tu étais né ?

A : I was born at Kolwezi in Mwangeji hospital

M : J'étais né à Kolwezi dans l'hôpital Mwangeji

Eg : Where was he born ? : Ou est-ce qu'il était né

A : He was born in Lubumbashi town at Sendwe hospital

M : Il était né dans la ville de Lubumbashi à l'hôpital Sendwe

Eg : Where were you born ? (For twins) = Ou est-ce que vous étiez nés ? (Pour les jumeaux)

A : We were born at Likasi in Dako hospital

M : Nous étions nés à Likasi dans l'hôpital Dako

TALKING ABOUT THE HEALTH

Parlant à propos de la santé

- Health : La santé
- Health center : Centre de santé

What are you suffering from ? = De quoi souffrez-vous ?

A : I am suffering from headache

M : Je suis en train de souffrir de maux de tête

A : I am suffering from sore leg

M :   Je mal à la jambe

A : I am suffering from cold

M : Je souffre du rhume

A : I am suffering from flu

M : Je souffre de la grippe

A : I am suffering from diarrhea

M : Je souffre de la diarrhée

A : I have pain all over

M : J'ai mal partout/ J'ai de la douleur partout

A : I am suffering from fever

M : Je souffre de la fièvre

A : I am suffering from influenza

M : Je souffre de la grippe

TALKING ABOUT THE PRICE

Parlant à propos de prix

How much money is this pen ? = Combien coute ce stylo-ci ?

A : This pen is one dollar

M : Ce stylo-ci c'est 1$

How much money is that pen ? = Combien coute ce stylo-là

A : That pen is one dollar

M : Ce stylo-là c'est 1$

How much money are these pens ? = Combien coutent ces stylos-ci ?

A : These pens are ten dollars

M : Ces stylos-ci font 10$

How much money are those pens ? = Combien coutent ces stylos-là ?

A : Those pens are ten dollars

M : Ces stylos-là font 10$

- Expensive = Cher (chère)
- Too expensive = Tros cher
- Dear = Cher (chère)
- Cheap = Moins cher

Eg : It is too expensive : C'est tros cher

Eg : It is cheap : C'est moins cher

Eg : It is expensive : C'est cher

TALKING ABOUT THE WEIGHT

Parlant à propos du poids

- To weight = Peser

PRESENT TENSE

How much do you weigh ? = Pèses-tu combien ?

A : I weigh sixty kilos

M : Je pèse 60 kg

How much does she weigh ?

A : She weighs twenty kilos

M : Elle pèse 20 kg

PAST TENSE

How much did you weigh yesterday ? = Pesais-tu combien hier ?

A : I weighed fifty kilos

M : Je pesais 50 kg hier

How much did she weigh after leaving hospital ? = Pesait-elle combien après avoir quitté l'hôpital ?

A : She weighed thirty kilos

M : Elle pesait 30 kg

TALKING ABOUT THE TALL

Parlant à propos de la taille

How tall are you ? = As-tu combien de taille ?

A : I'm one meter forty centimeters

M : J'ai 01 mettre 40 centimètre

How tall is your father ? = Ton père a combien de taille ?

A : My father is two meters

M : Mon père a 02 mètres

How tall is she now ? = A-t-elle combien de taille maintenant ?

A : Now she is one meter

M : Maintenant elle a 01 mètre

TALKING ABOUT THE SHOE SIZE

Parlant à propos de la taille de souliers

(Numéro)

What is your shoe size ? = Quelle est ta taille de soulier ?

A : My shoe size is forty

M : Ma taille de souliers c'est 40

A : I wear forty size

M : Je porte le N°40

What is her shoe size ? = Quelle est sa taille de souliers ?

A : Her shoe size is twenty

M : Sa taille de souliers c'est 20

A : She wears twenty size

M : Elle porte du 40

HOW TO ADVISE SOMEONE

Comment conseiller quelqu'un

Pour conseiller quelqu'un en Anglais on utilise cette forme :

WHY DON'T YOU … ?

WHY DOESN'T HE, SHE … ?

Eg : Why don't you study English today, please ?

M : Pourquoi n'étudies-tu pas aujourd'hui l'Anglais, s'il te plait ?

A : Because, i'm weary

M : Parce que, je suis fatigué

Eg : Why doesn't she speak English in Zambia ?

M : Pourquoi elle ne parle pas l'Anglais en Zambie ?

A : Because, she doesn't know how to start

M : Parce que, elle ne connaît pas comment commencer

Eg : Why don't they teach us English today ?

M : Pourquoi ils ne nous enseignent pass l'Anglais aujourd'hui ?

A : Because, They are busy = Parce qu'ils sont occupés

PAST TENSE

Eg : Why didn't you go to church yesterday ?

M : Pourquoi n'étais-tu pas allé à l'église hier ?

A : Because, i didn't get time yesterday

M : Parce que, je n'avais pas eu le temps hier

Eg : Why didn't she call you last week for teaching her English ?

M : Pourquoi ne t'avait-elle pas appelé la semaine passée pour l'enseigner l'Anglais ?

A : Because, she didn't need to know English

M : Parce que, elle n'avait pas besoin de connaitre l'Anglais

IF I WERE YOU, I WOULD LIKE TO

Eg : If i were you, i would like to kill that dog

M : Si j'étais toi, je voudrais tuer ce chien-là

Eg : If she were you, she would like to deny her husband

M : She elle était toi, elle voudrait refuser son mari

Eg : If you were him, you would like to have a good job about English

M : Si était à sa place, tu voudrais avoir un bon boulot à propos de l'Anglais

Eg : If it were your dog, it would like to catch that thief

M : S'il était à la place de ton chien, ça voudrait attraper ce voleur-là

Eg : If he were our teacher, i would like to show us how to speak very well American English

M : S'il était à la place de notre professeur, il voudrait nous montrer comment parler très bien l'Anglais Américain

CONVERSATIONS

Les conversations

JHON AND PETER

Peter : Hello Jhon

Jhon : Hello, how is it ?

Peter : I am in good state, how about yourself ?

Jhon : I am not so bad

Peter : Please Jhon, where is papa ?

Jhon : Papa is home

Peter : OK, Good-bye

Jhon : Bye-bye

JHON, NICOLE AND TOM

Jhon : I say, Tom, do stop making so much noise. Don't you see that Nicole wants to write a letter home ?

Tom : Does she ? How strange ! i saw her write one yesterday too.

Jhon : So did i. I Wonder why she writes so many letters !

Tom : So do i. You seem to be fond of writing letters, Nicole. Weren't you writing one yesterday ?

Nicole : Yes, indeed. You see, i've been offered a very nice present for christmas and it's only natural for me to write a letter of thanks. Moreover i find life here so exciting that i can't help writing about it to my parents almost every day. And i write my letters twice : a firs time home and then nearly the same over again in my diary.

Tom : Well, i never ! you never told us you kept a diary, did you ?

Nicole : Actually, i never told anybody. Is there anything strange about keeping a diary.

Jhon : Oh, no, not at all. It must be in a girl's character to keep a diary. As for me i would never care to keep one. And i don't like writing letters.

Nicole : Neither does Robert. That's why i have to write all the time.

Tom : Well then, i hope you'll read us one or two pages of your diary some day.

Nicole : I don't think i never will. It's something personal. Moreover, You wouldn't enjoy reading it : a diary always looks funny except to the person who keeps it.

Jhon : Well, come along then. Let's leave her alone.

MISS WIGGINS AND UNCLE FRED

Miss Wiggins : Good morning, Mr Wilson, How are you today ?

Uncle Fred : Not very well.

Miss Wiggins : What's the matter with you ?

Uncle Fred : My throat once again. I think i have a temperature.

Miss Wiggins : Shall i ring up the doctor ?

Uncle Fred : No, thank you. Perhaps it isn't worth while. I'd rather wait a little. What i need is a good rest. Where are the aspirins, by the way

Miss Wiggins : You'd better drink your medecine, instead.

Uncle Fred : It's so nasty and i've got such a headache.

Miss Wiggins : You needn't worry about a headache. Just follow your doctor's advice and you'll be all right. Ah there's the bottle.

Uncle Fred : (Coughing and coughing) But it's poison. Look at the label. Do you want to kill me ?

Miss Wiggins : Be sensible. You'd much better drink this. So shall i get your hot-water-bottle now ?

Uncle Fred : Please do (Looks for his pipe in his bedside table). Now I'd rather be left alone.

Miss Wiggins : Excuse me, Mr Wilson, but i do think you'd better give up smoking your pipe and drinking your whisky for a few days.

Uncle Fred : Whaaat ! I'd rather die than give up my pipe and my whisky !

Printed by Books on Demand GmbH, Norderstedt / Germany